길은 어디에

얼크러진
발자국 따라
산길을 가는데
길 없는 길로 와
가슴에 앉는 나비 한 마리
그 여유 속에 보이는
또 하나의 길

길 길 길
내 갈 길을 찾는다

길은 어디에

이영순 시집

도서출판 천우

● 시인의 말

시단의 끝자락에 매달린 지 10년에 들어섰다.

문득

부끄럽지만, 그동안 발표한 것들을 묶어놓고 싶어졌다.

아직도 시가 무어냐고 묻는다면 답을 못한다.

왜 쓰느냐고 물어도 할 말이 없다.

그저 굽이치는 삶을 시와 함께 갈 뿐이다.

2010년 초가을

이 영 순

1부
억새의 노래

● 시인의 말

나뭇잎은 / 11
구름의 알몸 / 12
고철의 노래 / 13
그리움 / 14
돼지 꼬리와 뱀 / 15
굴레방아 / 16
사념(思念) / 17
그런 날입니다 / 18
나를 지운다 / 19
내가 낯선 날 / 20
어머니 방에서는 / 21
나를 닦네 / 22
나를 잃어버린 날 / 23
석간수(石間水) / 24
솔나무 아래에서 / 25
바다 / 26
바위 밑 선승을 보다 / 27
흙 / 28

또 하나의 세상 / 29
봄눈 / 30
침묵 / 31
거리 / 32
가을을 본 적 없다 / 33
잎보다 먼저 주저앉아 / 34
찢긴 나무를 보며 / 35
갈 가슴 / 36
아침의 국화차 / 37
억새의 노래 / 38
돌 / 39
그때는 몰랐다 / 40
언제 보아도 하늘이다 / 41
걸음마 배우기 / 42
진달래 / 43
나에게 4월은 / 44
때죽나무꽃 / 45
나는 누구인가 / 46

2부
꽃길에서의 꿈

문 바르기 / 49
비가 아니다 / 50
햇살 / 51
길은 어디에 / 52
그런 시절은 없다 / 53
젖어 있는 시간 / 54
꽃길에서의 꿈 / 55
비빔밥 속에 그들이 보인다 / 56
잊으며 산다 / 57
나의 기도 / 58
몸 바뀌는 시간 / 59
엉킨 타래실 / 60
그날은 / 61
매듭이 있어 / 62
내 사랑 / 63
어느 해 벚꽃을 보며 / 64
풀꽃 / 65
개울물 / 66
꿈 / 67
가을의 방황 / 68

기다림 / 69
그대는 누구인가 / 70
생약이었다 / 71
바가지 긁는 새 / 72
봄을 굴리는 동상이몽 / 73
성에꽃 차를 타고 / 74
아름다움이란 / 75
터널 / 76
어떤 하루 / 77
불신(不信) / 78
세상 속의 별 하나 / 79
가을 / 80

3부
보리새우의 할(喝)

겨울 산행 / 83
산사(山寺)에서 / 84
굴레 / 85
망설임 / 86
바둑판 / 87
일몰 / 88
일상을 푸며 / 89
나는 보았다 / 90
못을 박다가 / 91
우산 / 92
안개 속에서 / 93
겨울 산 오르기 / 94
시월 / 96
바람소리를 들으면 / 97
떨어진 꽃잎 / 98
허무의 가을 / 99
그 비에 / 100
그 사과는 / 101
트럭 / 102
새벽 도량에 / 103

적반하장 / 104
밤 강가에 / 105
거울 속으로 / 106
노부부의 등대 / 107
눈사태 / 108
광대의 줄 / 109
닭 / 110
땅의 몸짓 / 111
가을에 서서 / 112
보리새우의 할(喝) / 114
새벽을 열며 / 115
산길 / 116

● 평설 / 117

1부
억새의 노래

나뭇잎은

초가을 나뭇잎은
제 몸 단풍드는 줄을 안다
쌀쌀한 바람이 불어오는 것을 알고 있으니까

단풍든 나뭇잎은
낙엽이 되는 줄을 안다
먼저 떨어지는 잎을 보았으니까

떨어진 단풍잎은
부서지고 썩어져 제 모습 사라지는 줄을 안다
먼저 부서지고 썩어지는 잎을 보았으니까

부서지는 낙엽은
자양분이 되는 줄을 안다
물끼 되어 땅으로 스미는 것을 알고 있으니까

스미는 나뭇잎은
하늘과 땅이 하나 되는 줄도 안다
뿌리와 잎이 한 그루의 나무임을 알고 있으니까

그래서일까
바람이 불자
자꾸만 자꾸만
동그라미 그리며 굴러가는 낙엽

구름의 알몸

 허공에 구름이 덮이더니 악을 쓰듯 천둥이 친다 눈에서 불이 번쩍 공기가 뒤숭숭하다 쥐새끼들 집구멍으로 숨어들고 숲은 침묵을 지킨다 정적에 귀를 기울이고 있을 때 흐느끼듯 바람이 일어선다 후두둑 후두둑 빗방울이 섞이더니 구름이 폭우로 쏟아진다 사람의 소리인가 싶더니 짐승의 울음소리로 휘몰아친다 길바닥에 나동그라져 버리둥거린다 그 괴이한 소리로 가슴을 뚫으며 구름이 쓸려 내려 간다.

 구름의 알몸은 하늘빛이였다

고철의 노래

보이는구나
이글거리는 용광로의 불꽃이

소박맞은 쇳덩어리들
제 이름 제 모양 잃은 지 오래
제자리 빼앗기고 밀려나던 날
이름은 고철이 되었구나

보이는구나
이글거리는 용광로의 불꽃이

삽질하여라 삽질하여라
불꽃 속에 무덤 보인다
부어라 부어 철철 녹아내리도록
부서지고 깨진 네 이름들

보이는구나
이글거리는 용광로의 불꽃이

다시 태어나기 위해
열광하며 몸부림치는
네 모습에 내 가슴까지
뜨겁게 달아오르는구나

그리움

어둠이 내려앉고
유리잔처럼 찬 공기가
옷깃을 스미는 밤입니다

두 눈 꼭 감은
여인의 바다에
커다란 파도가
밀려오고 밀려가고

일렁이는 그리움

두 손으로 잡고
한 손으로 놓아주는
힘없는 나날
파도소리의 요란함

아득한 등대
희미하게 바라보는
돛단배
바람이 그립습니다

돼지 꼬리와 뱀

커다란 덩치가 좋아
덥석 돼지 꼬리를 문 뱀이 있었다
이 사이에 낀 꼬리는 한몸이 되었다

입안 가득 전해오는
꿈틀거림 그 뭉클함과 비릿하게 번지는 맛에
끝없이 넘실대는 혀의 불꽃

푸르고 붉게 갈라져 밤낮으로 부대끼며
상처가 나고 금이 가기 시작했다
허물을 벗기고 벗겨도 그대로인 징그러움
쩍쩍 벌어진 틈마다 어둠만 굵어진다

이때
들여다본다
이 뭐꼬

질기고도 질긴 끈
제 입 썩어지고 이가 뭉텅 빠지기를 갈망하며
당김질 속 점점 길어지는 고무줄

뚝 끊어지는 날
웅얼거린다
허물 때문이 아니었다고

굴레방아

해마다 그랬듯이
비바람이 치기 시작했지
구렁이 같은 빗줄기
날 밀어 곤두박질시킬 때
떡방아 밀방아 쿵덕쿵덕 찌면서
신명이 났었지

그날 밤

붉은 배 까뒤집으며
그만 산이 무너져 내렸어
쏟아 붓는 빗물에
온몸 산산이 부서져
산 아닌 산과 뒤엉켜
비바람에 휩쓸린 물레방아

비명소리 까무룩 잠기며 소리쳤지
굴레였다고
물레방아! 그 이름이

사념(思念)

언어를 줍느라
밤을 새운다

불빛으로
밤을 하얗게 밝히면서
밤새워 주워 모은 것
백지 위에
흔들리는
그림자뿐

언어가 오리무중이다

덜크덩
쿵
청소차 소리에
파르르 떨다
넘어지는
나의 사념(思念)
한 자락

그런 날입니다

오늘은 감미로운 음악에도
까맣게 가슴 타들어가고
패인 골 골마다 빗물이 흐르네요

시커먼 연기 속에
지구도 놀라 방향을 잃고
하늘도 놀라 넋을 잃은 지 며칠
무지한 가슴 위에도 비는 내리네요

한 잔의 차에 고개를 묻고
마른 입술 적셔 흐린 눈빛으로
바라볼 사람이라도 있으면 좋겠네요

아득한 세상 세제로 지우고
빗물로 씻을 수 있다면
눈물이 온종일 스민들 무슨 상관있으련만
오늘은
에어지는 속만 지척이는
그런 날입니다

나를 지운다

나는
종일 빗속을 걸었다

빗속을 걸어 버스를 타고
빗속을 걸어 백천사 경내를 돌아본 후
비를 맞으며 바닷가를 거닐다가
밀려오는 파도에
악!
삶에 느낌표 찍을 때
빗줄기 죽비 되어 매질한다

밀려와 부서지는 파도처럼 흔적 없고
내려 스미는 빗물처럼 흔적 없어라
빗물에 지워지는 발자국
자꾸자꾸
파랗게 돋아나는 나

내가 지워지는데
더욱 또렷해지는 발자국

내가 낯선 날

세면대 거울이
흉을 보고 있다

도깨비 같은 얼굴을
덕지덕지 묻은 화냥기를
구석구석 낀 때를
피가 나도록 닦아내는 나를

슬슬 감춘다
하얀 거품으로

봄비 내리는 소리가
유난히 크게 들린다

어머니 방에서는

어머니 방에서는
장 냄새가 난다
소라 속 바람 소리가 들린다

쾌쾌한 골방 냄새와
파도처럼 꿈틀대는 담배연기
그 속에
뒤엉켜 누운 어머니
경직된 콘크리트 벽에 눈빛을 부대고
싸아한 가슴에 고이는 물
단지 속 빗물이다

고인 물 위에 파란 하늘이
먼 옛날이야기처럼 바람에 흔들리면
새어나오는 단지 속 쪼름한 냄새
나를 키운 조선간장 그 맛
빈 단지 속에서
비릿한 바닷냄새가 난다
하얗게 부서지는 파도 소리 들린다

나를 닦네

불볕더위에
벤자민 잎을 한 잎 두 잎 닦는다

덕지덕지 먼지 앉은 잎
틈틈이 파고든 벌레에게 점령당한 잎
빈 집인 듯 거미줄 친 잎
찢어진 지도처럼 얼룩진 잎
하얀 피를 토하며
푸른 가슴을 내민다

속절없이 흐르는 땀을 훔치자
손바닥에 묻어나는
내 얼굴의 시커먼 먼지

붉은 욕심이 울컥댄다

벤자민 잎
더욱 푸르게 나를 닦네

나를 잃어버린 날

나는
어찌하여

제멋대로 벌어진 꽃을 보고
벌쭉 벌쭉 웃다가
제멋대로 날리는 향기에
가슴을 열다가
제멋대로 시드는 꽃을 보고는
온몸 무너지는가

나를 잃어버린 날

석간수(石間水)

방 안으로
졸졸 흘러들어오는 석간수

육중한 돌 틈에서 흘러나와
함지박처럼 생긴 돌에서
종그래기 동동 띄우며
세상을 살폈다
돌보다 더 단단한 세상인가
돌 틈보다 더 좁아진 세상인가

한동안 제자리를 맴돌며
바람도 마시고
소리도 엿듣다가
잠시 머물다가는 이치인 듯
방을 빠져나가는 석간수

넋 잃고 바라만 보았다

솔나무 아래에서

그 품은
바다처럼 싱싱했다

잡목들 방만한 푸르름 속에
있는 듯 없는 듯
짙푸른 색조
올라설 줄도, 부풀릴 줄도 모르는 그는
뽑아먹고 털어먹고 벗겨 먹어도
여전한 너그러움
잡목이 엉성한 겨울 속에서
홀로
초록 눈으로 하늘을 보는 나무
이 가슴에
심어보고 싶은 계절

바다

발끝까지 드리워진
길고 넓은 여인의 치마다

바람에
파도처럼 주름이 일어
사르락 사르락
비단소리 내는
여인의 길고 긴 비단치마

깊은 속에선
뜨거운 불덩이가 끓는가
다시 출렁이는 바다

바위 밑 선승을 보다

외진 바위 밑에
티없이 벙그러져 웃는 산국
불어오는 바람 무더기
덥석 끌어안는
그리고 슬쩍 날려 보내는 어느 날
오후의
가벼운 몸 바라보는

흙

성묘길에
더덕더덕 달라붙는
진흙

한 발짝 떼면 달라붙고
또 한 발짝 떼면 달라붙고
걸음마다 묻어나는 끈끈한
몸 어쩌지 못해
길섶 잔설에 쓱쓱 문지르며
발을 쿵쿵 굴러보지만
끝까지 따라오는

무슨 인연인가
참 끈질긴 하루

또 하나의 세상

비 그친 후
길을 가다 보면 고인 물에도
또 하나의 세상이 있다

하늘이 보이고
흔들리는 감잎이 보이고
돌도 보이고 열매도 보이고
바람의 발자국도 간간이 보여

그 낯빛을
내가 앉아 들여다보니
하늘도 감잎도 없어지고
돌도 열매도 없어지고

세상 속에는
오직 하나
내 얼굴만 가득했다

봄눈

춘삼월 눈
눈물이 된다

시름 많던 겨울을 보내고
마지막 신명(身命) 다해
훨훨 날리는 몸
앉지도 못하고
눈물로 흘러내리는

나풀나풀 날리는 눈발
할머니의 허연 머리에 떨어져
뽀조롬이 내민 파란 얼굴 적시고
낯설기만 한 짧은 만남에
눈물로 흘러내리는

내 가슴의 내리는 눈
벌써 조용한 눈물이 된다

침묵

노래하고 싶습니다

갈대의 속삭임 같은 소리로
나뭇잎에 몸 부비며 애무하는 바람의 소리로
조약돌 씻어주는 개울물 소리로
갈잎 부서지는 뼈아픈 추억의 소리로
햇살 하얗게 부서지는 소리로
노래하고 싶습니다

가슴이 터져 부서지는 날에도
침묵의 소리로

거리

설움 한 점 묻고
산을 휘청거리며 내려온다

발걸음 무겁게 내디디며
문득 되돌아보자
여기저기 흩어진 산이
손사래 치고

또 하나의 산이 슬그머니
또 하나의 산을 넘고 있다

산과의 거리
분명 눈에 잡히는데
보이는 건
모두가 안개뿐이다

가을을 본 적 없다

길바닥에 가을이 왔다

솔잎은 누워 파란 하늘을 바라보고
은행잎은 주저앉아
지나온 시간을 주무르고
플라타너스 잎은 서걱이는 가슴을 더듬으며

길바닥에 가을이 가고 있다

바람 불어 솔잎이 날리고
은행잎도 뒤척이고
벌떡 일어서며 플라타너스 잎은
사방을 두리번거린다

길바닥엔 가을이 없었다

그냥
떨어진 잎들의
노래가 난무(亂舞) 할 뿐

잎보다 먼저 주저앉아

가을 햇살 사이로
바라보는 수수꽃다리잎

연한 바람 불어
슬근 흔들리는 잎에
가을빛이 새어 번지고
그 얇디얇은 하도롱 빛에
잎보다 먼저 주저앉는 눈빛을
아는 듯 모르는 듯
투명한 웃음 보이는
노오란 잎, 나의 스승
파란 하늘 무대로
덩실 춤을 추려는가

집(執)을 버리고
순수로 일렁이는 저 몸짓
내 가슴 쐐기로 박히고 있다

찢긴 나무를 보며

태풍에 맞서 싸우는
나무들 한없이 안타깝다

불어오는 바람에
이리저리 우- 몰리며
찢기고 부러지다 넘어져 구르고
이리 덮치고 저리 눌릴 때
점점 커지는 잎의 아우성
온몸을
부르르 떠는 나무

한 나무의 가지가
동서로 뻗어 안타까운 뿌리
비바람 칠 때마다 시절의 강가에 걸린
아슬아슬한 작은 나무다리처럼
목 놓아 올리는 하나의 원
가지마다 애절하게 매달려
후두둑 후두둑
뿌려지는 잎들의 눈물

태풍의 분탕질에
들리지 않는
뿌리의 하얀 기도 소리

갈 가슴

방 안 퉁소 나를
누가 소리 내어 부르나
거리로 손짓하나

문틈으로 엿보다
소리 따라나선 골목길
부른 이 보이지 않고
버스럭버스럭
가랑잎 마른기침 소리로
후벼대는 갈 가슴

무서리 속에 핀 국화
고요한 웃음 짙은 향기에
사르르 풀려나는
치마끈 하나

아침의 국화차

소르르
찻물을 부어주고
현관을 나서는 사람
그 뒤

식탁 위에 놓인 찻잔 속에서
국화의 노란 물빛이 아침 햇살로 퍼지면
밤새 코를 묻었든 가슴 냄새가 난다

그 향기에
흠뻑 취할 때

찻잔 속 꽃보다
더 발그레한 웃음 물결을 만들며
마른 국화꽃이
수줍게 다시 피는 아침

억새의 노래

억새 모여앉아
덕담으로 새해 인사를 한다
빈속을 채우며
더 높은 곳을 오르고 있다

땅을 파고 뻗어
흙덩이든 돌덩이든 많이 가지라고
갖은 소리로 복을 빌며
흰머리 날리도록 고개 끄덕이는데

생풍맞은 억새
오래 살아도 한번은 죽고
많이 벌어도 빈손이라며
홀로 부르는 객쩍은 노랫소리

봄을 기다리는
발밑의 어린 억새
마른 억새 다리 틈에서
푸른 귀 쫑긋 세우고 있다

돌

발길에 채인 돌
제 마음대로 구르다 선다

퍼렇게 멍든 삶처럼
그저 밟히고 채일 뿐
구르는 돌은 말이 없다

쓸모없다고 내팽개쳐진
단단한 돌
그러나 돌이다

다시 태어나도 돌이면
좋겠다는 듯
태평하게 앉아 있는
돌 하나

그때는 몰랐다

바지를 다리다가
문득
내 어릴 적 어머니가 다려주시던
주름치마를 입는다

호롱불 돋아가며
한 땀 한 땀 지어주신 그 치마엔
가지런히 잡힌 맞주름
반듯하게 마주 보던 어머니 눈길
다리미 훈기보다 따뜻하게 감싸던 치마
그것엔
어머니의 간절한 소망이
숯불처럼 빨갛게 타고 있음을
그때는 몰랐다

이제야
어머니의 편지를 읽으며
세상살이에 구겨진 나를 다린다
주름을 곧게 세운다

언제 보아도 하늘이다

삑
삑
빨강 불 사십이 분
표준코스

줄줄 스며드는 물줄기가
찌든 가슴 사이로 흐르면
웅웅 힘겹게 돌아가는 빨래통

시커먼 물 쫙쫙 빠지고
뺑그르 어지럼증에 시달려도
한 번 두 번 견딜 적마다
점차 맑게 드러나는 모습

훌훌 털어 줄에 널면
백조의 뽀얀 날갯짓이다
빈 하늘이 유난히 푸르다

걸음마 배우기

첫돌 지난 아기 발짝을 뗀다

몸이 발보다 먼저 가고
비척이다 주저앉는 아기

두 손을 잡아 장하다 세워 놓고
살며시 손 놓으면
빤히 바라보는 불안한 눈동자
이리와 이리와 어르는 소리에
발보다 먼저 가는 몸 엎어지고

다시 일으켜
한 발짝 두 발짝 세 발짝을 떼다가
주저앉아 울어버리는 아기
물러섰던 엄마가 다가와 손을 잡으니
방그레 웃는 꽃

아기에 웃음을 가슴에
가만히 얹는다

진달래

햇살 쏟아지는
토요일 오후
어제 보았던 진달래
다시 보인다

햇빛에 가슴 찢어진
꽃 무더기
온통 산을 뒤덮어
눈이 어지러운데

바람에 흔들리는
꽃잎 속엔
무슨 생각이
담겨 있는지

그 속을
나는 모른다

나에게 4월은

잔인한 달이었다

꽃 피던 날
비바람 불던 사월
여린 꽃잎에 진눈깨비 달려들던 사월
순간이려니
아파도 꽃은 지지 않았다
가늘게 물살 만들며 꽃잎 띄우던 사월
그날도 바람이 불었지
섬 같은 돌에 몸 붙인 것도 사월
그 돌 멀어진 것도 사월
그래
어느 시인이
국화꽃 한 송이를 피우기 위해
봄부터 소쩍새가 그리 울더라더니
숱한 봄날은
시간이 걸리고 걸려 흘러가는데
흐른 시간은 남아 있지 않고
다만
꽃 그림자 틈새의 침묵 속에서
한 송이 국화처럼
어린 열매 눈을 비빈다

사월은 가고

때죽나무꽃

오월의 계곡물에
동동 뜨는 하얀 꽃
이 한낮
다섯 꽃잎 하얗게 펼치면서
하늘 보는 마음
먼 훗날
나도 하얗게 지고파서
가슴에 담는
때죽나무꽃

나는 누구인가

가을 색깔 속으로
정신없이 들어갔다

세상을
현란하게 하는
단풍잎 사이에서
단풍나무가 되어 서자
몸을 축 늘어뜨리고
마른 눈물 닦아내는
잎사귀 한 잎
내 눈엣가시로 박혔다
솟구치는 뜨거움
잠깐 솟았지만
다시 차가워지는 몸
꼭 빨간 단풍이
아니어도 좋을

2부

꽃길에서의 꿈

문 바르기

갈바람 드는
가슴은 찢어진 창호지 문

꼭꼭 닫아걸어도
부질없다
황소바람 들고나는 문

향내 그윽한 꽃잎을 넣어
곱게 바르던 손
내 어릴 적 어머니 모습

오늘은 내가 바른다
어머니처럼
내 가슴에 꽃잎을 넣어
문을 바른다

문 빗살 사이로
드려온다
아이들의 웃음소리

비가 아니다

쏟아지는 비
후벼 파며 만나는 땅
또 다른 인연
빗물과 흙이 범벅될 때

흙은 빗줄기 바라보며 뛰고
엉기며 스며드는 빗물
흙탕물을 만든다

파인 것은 가슴
땅이 아니다
쏟아지는 것은 그리움
비가 아니다

햇살

아침 햇살
뽀얗게 퍼지는 거리를 나서니

승강장에는
버스를 바라보는
반짝이는 눈들로 가득하다

그네들 눈빛에서
윙윙 돌아가는 톱니바퀴가 보이고
사각사각 넘어가는 서류 소리
여기저기 울리는 전화벨 소리가 들린다

비둘기 한 마리
빌딩 숲 사이를 가르며
포르륵
하늘로 솟아오른다

길은 어디에

산 중턱에서
내려다본 길

구불구불
삐뚤빼뚤
크고 작은 발자국들
길을 지우고 길을 만든다

얼크러진
발자국 따라
산길을 가는데
길 없는 길로 와
가슴에 앉는 나비 한 마리
그 여유 속에 보이는
또 하나의 길

길 길 길
내 갈 길을 찾는다

그런 시절은 없다

노인이 야단맞는
시절은 없다
하늘이 소리 내어 울 수는 없다

아낙에게 포악 듣는
헙수룩한 노인의 속사정
알 길 없어도
장바닥 희나리 줍는
뭉툭한 손의 지난날
알 길 없어도
땡볕 같은 뭇시선 그 아픔
그의 등이 아니라
알 길 없어도
희나리로 길바닥에 부서지며
소리도 안 내는
허연 고추 그 매운 맛
알 길 없어도

퉁소 소리가 난다
가슴에서는
하늘 우는 소리 들리지 않는다

젖어 있는 시간

비 끝에 산을 오르는데
빗물 털고 일어서는 초목들 속에
물 고여 구부러진 잎 하나 있다

고인 빗물을 이고
맥 놓은 미망인처럼
울음 꿀꺽이며 구부려 앉아
바람이 다가와 흔들어도
햇살 달래며 보듬어도
흥건한 눈물에 젖은 잎
달려든 역경에 까무룩 잠긴 시간

가슴 짓누르고, 눈 덮어 세상을 가린
저 이파리의 빗물
벌떡 일어서면 쏟아져 버릴
툭툭 털어지지 않는 시간

시련에 등 굽은 잎의
참 같은 거짓
고인 물속 하늘과 같은 시간

꽃길에서의 꿈

  떨어진 꽃잎을 밟고 지나간다 밟힌 자국에 끈끈한 피가 솟는다 그 위로 뭉그러진 어린 꽃이 오버랩된다 멍들 새도 없이 피가 마른 하얀 꽃망울, 칭칭 동여맨 줄이 꽃살을 파고들었다 몸부림도 파르르 떨며 정적에 들었다 어둠 속에서 어린 입은 침묵의 노래를 불렀다 긴 노래 끝에 장단을 맞춘다 인권이다 위헌이다 얼쑤 골목의 검은 그림자 너울거린다 장난삼아 꾸미는 반대도 흥이 난다 탈을 쓰고 야금야금 관망한다 그것이 나인 줄 몰랐다 탁, 때리는 꽃잎에 번쩍 정신이 났다 꽃길에 서서 꿈을 꾼 것이다 꽃나무엔 봉긋봉긋 꽃들이 아직 가득했다
  '꽃을 꺾지 마시오'
  덧칠한 표지판이 서 있다

비빔밥 속에 그들이 보인다

 비빔밥 한 숟가락을 입속에 넣었습니다 산산이 부서져 어둔 골목을 지나쳐 왔습니다 이제 그들의 이름은 없습니다 그 순간 땅으로 허공으로 다른 형상을 찾아 떠났습니다 어쩌면 다시 먹거리가 될지도 모르는 긴 여행을 하고 있습니다
 참기름 냄새 솔솔 풍기는 밥 속에 그들이 있습니다 나물이라고 밥이라고 짧은 순간을 고집하면서 벌겋게 얼크러져 있습니다
 햇나물 같은 이름을 짓고 있습니다

잊으며 산다

태풍이 지난 후
살아남은 나무
부르르 떨이를 한다

생으로 넘어져
시뻘건 뿌리 하늘로 뻗고
흙더미에 반쯤 묻힌 창백한 얼굴
그 나무가 보내오는 싸늘한 침묵에
새파랗게 질려 몸서리친다

쭉쭉 뻗던 가지들
어깨를 낮춰 고개를 숙이고
오늘은
누운 나무 위로
후두둑 눈물을 뿌린다

그러나
내일이 오면
천지를 흔들던 바람도 잊고
오늘 죽어간 이웃도 잊고
하늘로, 하늘로 손을 뻗는 나무다

삶에 신들린
나의 몸짓이다

나의 기도

부레옥잠처럼
둥둥 뜨는
우렁이고 싶어라

꼭꼭
채워진 살덩어리
버리지 못해
무거워 무거워도
버리지 못해

오늘도
물 밑에 우렁이 기도

몸 바뀌는 시간

언젠가
살아 있는 듯
나무 허리에 붙은 매미 허물을 보았는데
오늘은
여름을 울울창창 짖어대던
그 모양 그대로
길바닥에 나동그라진 매미들을 보았다

굼벵이는 허물 벗을 때를 알아
고요한 곳에 몸을 바꾸었는데
날개 달고 목소리 키우던 매미
무엇에 쫓기다 저 지경이 되었을까

몸 바꿈은
누구에게나 있을 진데
사그라질 곳에
여여 할 수 있을까 굼벵이처럼

엉킨 타래실

머릿속에
엉킨 타래실이 들어 있다

비좁은 공간을
비집고 들어가
실 끝을 찾아보지만
실 뭉치는
모두가 신경이고
전체가 세상이다

몇 날 며칠
헤매다 쓰러진 어느 날
문득
집착이라는 말이 떠오르며
거짓처럼 풀리는
엉킨 타래실

엉켜 있던 것은
마음의 실타래였다

그날은

그날은
해변 모래사장에 있었다

그날은
파도가 우-우- 짖어대며
해풍이 밀려왔었다

그날은
파도가 시커먼 바위에 부딪혀
휘감아 틀며 뺑돌이 쳤었다

그날은
파도가 등 뒤에서
진홍색 해당화를 피워내고 있었다

그날은
내가 홀로 깨어
파도를 보았다

매듭이 있어

뚝딱뚝딱
써어억 써어억
부서진 배를 고친다

강물에 부서진 배
파도에 부서진 배

나룻가에 매여지고
바닷가 모래밭에 남겨진
배 안엔
아직 풀어내지 못한
매듭이 있어

뚝딱뚝딱
써어억 써어억
배를 손질한다

내 사랑

가진 것이 없어
주고 싶은 것이 많았다
주고 싶은 것이 너무 많아
아무것도 줄 수가 없었다
다만
피보다 진한 가슴
사르고 있을 뿐

어느 해 벚꽃을 보며

동학사의 밤

벚꽃이 사람들의 유령 소리에 까무러치고 있다
벚꽃이 시커먼 매연에 숨을 할딱거리고 있다
벚꽃이 음식점 숯불에 찌지직 몸을 태운다
벚꽃이 수많은 인파에 짓밟힌다
벚꽃이 시궁창으로 마구 빠져 뒹군다

내 눈으로 빠져드는
수만 송이 꽃

풀꽃

버스 정류장에서
치맛자락 흔들며
흥얼거리는 여자를 보고
사람들은 미친년이란다
그는 사람들을 힐끗 보더니
"미친 것들"
한마디 한다

미친다는 것이
무엇을 말하는지
신은 알고 계실까
흥얼거리는 여자와 그를 보는
사람들의 경계
알 수 없는 세상이다

블록 사이에 피어난 풀꽃
아무렇지도 않게 춤을 추고 있다

개울물

얼굴
언제나 흔들리는 물그림자
크고 작은 돌들이 만들어주는 여울
동그란 파문은
살아 있는 물의 달싹이는 가슴

반짝이는 물살 밑에
부서진 의자와 깨어진 그릇이
옹이처럼 박혀 있어도
자욱한 밤을 헤치며
깊은 곳을 흐르는 물

바다로 떠가는
내 생각

꿈

첫 새벽
시계 초침 소리가
꿈을 깨운다

부스스 일어난 꿈이
몸부림한다

빈손을 내어 저으며
허공을 헤매고
긴 숨을 내어 뱉더니
금세 고요하다

손에 무엇이 잡혀
무심코 폈더니
집힌 것은
초침 소리의 흔적뿐
아직 밤은
남아 있었다

가을의 방황

노란 은행잎
마구 쏟아지는 거리를
헤맨다

바람에 뒹구는 낙엽
따라오며
어디로 가느냐고 물어도
걷기만 한다

발자국보다
앞서가는 낙엽이 싫어
바삭 소리 나게 밟아보지만
그 소리보다도
서러운 가슴은

고추잠자리 날개처럼
가느다란 눈물을 떨군다
내 갈 곳은 어디인가

기다림

해가 노을을 가지고
떠나버린 뒤

어둠을 덮고 누우면
울음소리도 웃음소리도
꿈꾸는 밤

잠 못 드는 별이
흑청색 하늘에서
어둠을 뚫고
은빛 바늘로 쏟아져
온기 잃은 땅에 내리 앉으면
송송 솟아나는 내음

귀 세워
찾는 발자국 소리

그대는 누구인가

구린내 가득한 곳에
망설임 없이 가슴을 여는 치약
그대는 누구인가

뽀얀 속가슴 가지런히 파내어
복병처럼 구석구석 숨어 있는 욕심의 뿌리
그 어둠
끌어내 닦아주며 하얗게 부서지는 몸

뻘건 싸움질에
새카만 돌이 된 응어리도
뒤엉켜 썩는 시궁창 냄새도
하얗게 풀어가는 그대

오늘도
입을 크게 벌쭉이며
소식 물어도
어둠만 데리고 떠나는 하얀 빛이여

생약이었다

겨울 장터에서
포악을 듣는 협수룩한 노인

고추 장터
길바닥 희나리 줍던
고지박이 같은 손
옹배기 깨지는 소리에 놀라
까무러치듯 놓치는 마음
희나리처럼 구르는 쪼글쪼글한 몸
발밑에 부서져도
별도리 없는 허연 고추
추운 바람 속
장바닥에 가슴 묻으며 풍기는
그 삶의 매운 내

쓰디쓴 생약이었다
머쓱한 웃음 내보이던
그 노인은

바가지 긁는 새

새 한 마리
앙상한 겨울나무 가지를
콕콕 쪼아대고 있다
흔들리는 가지보다 더 들썩이면서

분을 못 삭여
날카롭게 콕콕 쪼아대다가
제풀에 지쳐
주둥이를 나뭇가지에 싹싹 부비고
고개를 갸우뚱
포르륵 날아갈 듯
상큼 내려와 앉는 새

시린 가지
꿈틀거리게 하는 작은 몸
그 가슴엔 마그마가 끓는가

봄을 굴리는 동상이몽

꽃에
벌이 앉았다

꽃잎 두드리며
꽃 가슴에 얼굴을 묻고
엉덩이 들썩이며
피리 소리 나도록 단물 빠는 벌

그의 몸짓에

후끈 달아올라
쌕쌕거리는
붉은 꽃의 숨소리
바르르 떨며 엉기는 꽃가루

동상이몽으로
봄을 굴리는 꽃 그리고 벌
참 같은 거짓에
대롱대롱 매달린 너와 나
아옹다옹
외바퀴 타고

성에꽃 차를 타고

이불 홑청 둘러쓰고
새벽잠에 빠진
차를 흔들어 길 재촉한다

성에를 닥닥 긁다가
시간에 떠밀려
움찔움찔 주춤거리며
백태 낀 눈으로
뿌연 세상 더듬어 갈 때

나 알았다
안다는 생각이 죄인 줄을
오감의 장난에 덜컹거리는 차
덜덜거리는 온몸

언제 내가
세상 다 보고 길을 왔던 가
저 눈 없는 가랑잎같이
그저 굴러 온 것을

굴러간다
굴러간다
눈 없는 바퀴 굴러간다

아름다움이란

빨간 딸기 한 톨
나지막한 뒷산 밭둑에 자라 있다

어쩌다
억센 풀 틈에 홀로 뿌리내려
눈보라에 까맣게 얼어붙었을 잎
칼바람 맞으며 눈물에 젖었을 숫한 날들
갈라진 손등 호호 불던 그 아이처럼
비우고 가셔낸 가슴인가

스치는 바람에 팔랑이는
저 여린 몸짓으로
하얗게 꽃피워 맺은 열매

천연덕스럽게
이글거리는
태양을 삼키고 있다

터널

차를 타고 달리다 보면
까만 점으로 만나는 터널이 있다

까만 점 가까워질수록
뿌연 불빛으로 닦아오고

터널 속으로 들어가면
하얀 점으로 다시 만나는 터널 끝

멀게만 보이는 하얀 점

내 가슴에
어둠을 지우며 닦아온다
반짝이는 햇살이 되어

어떤 하루

창을
어두운 커튼으로
가렸다

몸은 어둠 속으로
깊숙이 빠지고 빠져도
끝이 보이지 않는 나락
별빛을 보기엔
밤이 너무 멀었고

덜거덕 쿵
누구인가 문을 두드리자
커튼 사이로
들어서는 빛
비로소 보이는
한 줄기 소망

방안으로 내리꽂는
빛이 너무 희다

불신(不信)

샹들리에의 불빛 아래
쩍— 쩍— 금가는 소리
우르르 꽝꽝 무너지는 소리
불은 꺼지고 시커멓게 내리는 어둠

저버린 약속을 먹고 자란
불신이 사는 곳
아이들의 울음소리도
들리지 않는 곳
애처롭고 무서운 습지

거기는 우리 동네가 아니다
네온불 꺼지고 햇빛 내리는 곳
우리는 그런 곳에 살고 있다
가슴을 파고드는 이 세상의 불신

세상 속의 별 하나

세상은
온통 술판이다

껄껄거리며
잔 부대는 소리
쨍
꺼억꺼억 내뱉는 넋두리 속에
덜커덕 나동그라지는 병
병이 구르고
너도나도 흔들리고
빙글빙글 돌아가는 땅덩어리
이런저런 사연을
붓고 마시는
여기는 한바탕 술판인 것을

오늘도 반짝이는
작은 별 하나

가을

거리의 꽃들이
가을빛을 따갑게 받자
파르르 떤다.
그 흔들림 위에
떨어진 그리움 하나
털어버릴 여유도 없이
주저앉아
내 유년을 그리며
이 계절을 혼자
노래하고 있다.
스산하게 불어오는
늦가을 바람

3부
보리새우의 할(喝)

겨울 산행

눈이 하얗게 깔린
산길에 들어선다

파란 옷 벗어버린
나뭇가지를 헤치며
잃어버린 시간을 찾아 하얀 길을 오른다
땀방울을 훔치며 긴 숨을 토해 내며
등성이에 올라 사방을 둘러본다
반짝이는 눈 위에 앙상한 가지가 비치고
바위는 햇살 무더기다

바람이 불어와
무엇을 찾느냐고 묻는다
나는 그만 하얗게 웃고 말았다

산사(山寺)에서

똑 똑 또르르 똑
목탁 소리가 들린다

꽉 막힌
벽을 허물고
구르듯 들려오는 소리

스스로 매질하고
스스로 다짐하고

똑 똑 또르르 똑
나를 허문다

굴레

단단한 화분에서
꽃이 피었다

멀어진 하늘
떠나온 땅에서
어렵사리 핀
그리움 한 자락
고향 하늘을 향해
나래를 활짝 폈다

망설임

가을비 촉촉이
내리는 오후
수술이라는 과제를 받아들고
병원을 나선다

허물어지는 담 사이로
스미는 갈바람
머릿속으로 들어와
웅웅 문풍지 소리를 내는데
그 소리가 싫어 고개를 젓는다

떨어지는 낙엽 한 잎
다가와
때가 되면 스러진다고
바람과 어우러져 낄낄 소리 내어 웃는데
어깨는 비 맞은 새 새끼처럼
가느다랗게 떨고 있다

웅숭그린 모습으로
찻집에 들러
받아 쥔 한 잔의 물
그 위에 떠다니는 흔들림
나는 어쩌란 말인가

바둑판

세상 같은
바둑판 위에서
돌이 살고 죽는다

떠날 때는 모두가 버리고 가는 집
살아서는 끝없이 넓히고 싶은 집
집 싸움으로 바둑판은 채워지는데

돌 하나를 쫓다가
나도 모르는 순간 대마는 죽고
모자란 듯 묵묵히 들여다보며
조심스럽게 돌을 놓다 보면
어느새 커지는 집

생사가 없는 연습
연습이 없는 생사

판은 끝나고
잡으려는 돌도, 키우려는 돌도
모두 거두어지면
빈 들녘 같은 바둑판 위엔
네모만 남는다

일몰

해가
서쪽 하늘 끝에서
빨간 홍시 물에 잠기어 들 듯
빠지고 있네

내 아버지
아버지의 아버지가
떠나간 것처럼
불그스레한 여운에 빛
내 눈을 가득 채우고
안타까운 가슴들을 침몰시키며
빨려 들어가는 해
기어이 당신에 자국
붉은 여운마저도 가지고 떠나가네

아들에 아들
그 아들에 아들이
고운 꿈에 나랫짓하는 것을
저 해는 알고 가는지

일상을 푸며

밥솥을 열었다

김이
안개처럼 피어오르고
모여 앉은 밥알들
자르르 흐르는 윤기
하얀 밥을 푸다가
멈칫

어쩌다 섞인
누런 뉘 한 알
주워내는 손끝은 무심한데
내 모습은 아닐까
쿵
떨어지는 가슴

소복이 쌓인 일상
유난히 희다

나는 보았다

대못을 치던 날
나는 보았다

못과 망치 사이에서
파란 불꽃이 튀는 것
악
소리도 없이
가슴 치는 것

콘크리트 벽에서
흩어지는 시멘트 조각처럼
가슴이
그렇게 부서져 내리고
금이 가는 것을

나는
또 보았다

한 폭의 세상 같은
그림을

못을 박다가

탁 탁
벽에 못을 박는다

무엇인가를
걸기 위하여
못을 박는다
그림이나 글씨나
거울이면 어떤가
건다는 것은
살아 있다는 증거다

탁 탁
못을 박다가
문득 내 가슴을 더듬는다
못 박을 자리가 없을까
내가 걸 물건은 없을까

밤새 끙끙 앓았다

우산

비에 젖어 들어온다
빗물을 줄줄 흘리며

우산꽂이에서
온몸을 착착 접어
가슴속으로 말아 넣고
홀로 고뇌하던 시간을
나는 몰랐다

비 내리는 날
내 위에 서 있는 당신에게서
소리 없던 날 가슴 뛰는 소리가
후드득후드득 들려오고
머리끝부터 타고 내리는 빗방울
마디마디에 쏟아지는 땀에 봇물

흩뿌리는 빗줄기
온몸으로 가리고 선 당신
비로소 알게 된 우산

안개 속에서

안개 자욱한 거리에
사물들은 희미하게 보인다
내가 사는 지구촌은 오늘도 곳곳이 안개에 쌓여 있어
두 눈에 쌍라이트를 켜 밝혀보지만
선 듯 갈 길이 보이지 않는다
무시로 끊어지는 다리에
물에 잠기는 시가지
날마다 전해지는 소식은
안개보다 진을 빼는 신기루 같다
그러나
뽀얀 안개 속으로 아침 햇살이 스미면
풀 나무 산과 들이 하나 둘 일어나고
여전히 그곳에 물길도 있었다
졸졸졸 지금도
물소리 들린다

겨울 산 오르기

눈 덮인 산을
오를 때는
나도 어쩔 수 없었다
아이젠을 신고도
엎드려 네 발로 가는 수밖에

미끄러지는 산
오를 때나 내려올 때나
굴러떨어지지 않기 위해
신은 아이젠도
다리보다 먼저 내려오는
몸은 어쩌지 못해
아이처럼 넘어지고
세상일처럼 미끄러지는
겨울 산
두 발로 갈 수 없었다

아이젠을 신어도
안전하지 않다
몸을 낮추고 또 낮추어
네 발로 살살 기는 것이
차라리 안전한 것을

이제야 알았다

세상일이 이런가
세상살이보다 더 어려운
겨울 산 올라가기

시월

가을바람이
허공을 훑고 지나갈 때면

흔들리는 관광버스에
앉은 사람들
상기된 낯빛이 단풍보다 더 붉다
가을기온처럼 서걱이는 가슴에
혼신으로 불어대는 석양 불꽃인가
노을빛이 만산이다

노을빛에 물든 가슴을 보아라
꽃보다 고운 아픔을

하늘이 멀어지고
산은 붉어지고

바람소리를 들으면

엉엉
울어보고 싶다

앙금처럼 깔린
창자 속 찌꺼기
몽땅 토해 버리고 싶다

장마철
개울물처럼
왈칵 뒤집어 쏟아내고 싶다

그러나
아무리 울어도

아직
아무 소리도 나오지 않는다

떨어진 꽃잎

아파트
덩굴장미 울타리 밑에
마른 꽃잎이 쌓여 뒹군다

발그스름한 빛깔에 잔주름 지고
오그라진 가슴 위로 무심한 발길이 지나도
바스러지는 몸 비비며
꽃잎으로 남아 있다
늙은 어미처럼

허무의 가을

아파트 앞 감나무에
매달려 있던
빨갛게 익은 감 한 개
오늘은 어디로 떨어졌는가
빈 나뭇가지만
바람에 힘없이 흔들린다

나무와 나무 사이에 보이는 파란 하늘
유난히 차가운데
어디선가 날아든 까치 한 마리
나무 끝에 위태롭게 앉아
허무만 톡톡 쪼아댄다

그 비에

꽃잎을 만드는 비
꽃잎을 울리는 비
꽃잎을 지우는 비

잎을 펴 몸을 가려도
몸을 낮추어 꼭꼭 숨어도
계속 내리는 비
내 가슴에도 떨어지는가
벌써 촉이 푸르다

그 사과는

그 사과는
내 오라비의 몸이었다

제물로 쓰려고 사온 사과
꼭지 쪽에 작은 흠이 보이더니
두미를 치는 순간
내 눈을 믿을 수가 없었다
속이 푹 썩어버린 것은
사과가 아니라 내 오라비의 몸이었다

상점에서
나를 만나던 시간은
때깔 좋은 사과로 한몫하였지만
지금은 불빛 없는 빈집에 헛기침 소리처럼
시간 밖 시간을 살고 있는 사과는
분명 사과가 아니었다
지울 수도 지워지지도 않는
내 오라비의 생애 눈에 선하다

트럭

불안을
팔매질하며
달아나는 트럭

기울어진 짐을
제 키보다 더 높게 싣고
울려오는 경적 소리에 쫓기듯
산마루 고갯길을
비치적거리며 오르는 트럭

철썩 떨어지는 총각무우 단
진땀 쏟듯 질질 흘러내리는 짐
한쪽 바퀴 땅에 닿는 둥 마는 둥
허둥거리는 트럭

결국 어디쯤
주저앉아
비상등만 깜박이는 트럭

새벽 도량에

이른 새벽
여명 속을 헤집고 들어선 산사
빗살무늬 가득한 도량

스님의 비질 소리에
꽃잎도 나뭇잎도
얽히고설킨 사람의 마음도
어제 떨어져 밤샘 한 것들
모두 일어나
마당 한쪽으로 가지런히 모여
푸른빛 도는 새벽 도량에
합장하고 떠나는데

독경소리는
천지를 두드려
어둠을 걷어내고 있다

적반하장

청소를 부탁받고
들어온 치약이
내 속을 들여다 보더니
꽥꽥 토악질해대며
오장을 긁어댄다

괘씸한 놈
내 속이 깨끗하면
절 불렀을까

밤 강가에

어찌 물
너만이 물결을 만들며 흐르랴
밤에 흐르는 것은
물이 아니라 그리움이다

등불처럼 흔들리는 소리도 없이
가로등 불빛 깊게 드리운 채
출렁이며 흐느끼는 것은
내가 아니라
바람 스쳐 간 밤물결이다

별이
쏟아져 흔들리는 강물은
잠들지 못한다
머무르지 못한다

거울 속으로

엉엉 용아가 운다

왜 우니? 용아야
선생님
거울 속에
또 다른 내가 있어요!

그래
너는 벌써 알고 있었구나
거울을 감춰 볼까
눈 한 짝을 감아볼까

엉엉 용아가 운다

노부부의 등대

 해송의 향을 안고 돌아간다 춘장대 파도 너울 춤사위 저무는 하루 서해의 눈자위 붉어진다 조개껍질 내려놓은 노부부도 숨을 고른다 주저앉은 두 가닥 솔잎 곁에 솔방울이 보인다 또르르 굴러가 차 따르는 소리가 맑다 웃음이다 그 소리는 찻잔에 든 해의 길이만 했다 타는 목을 적신다 노을을 마신다 꼴깍 넘어가는 해는 웃음소리마저 삼킨다 그 길이가 목의 길이만큼 더 길어지며 사라졌다 깊이를 알 수 없는 수심 속으로, 끝없는 파도소리는 한 잔의 차 따르는 소리로 남았다

 그들의 차는 가물거리는 등대를 돌아 나왔다

눈사태

 밤새워 눈을 퍼붓자 대관령에서는 눈꽃 축제가 열렸습니다
 굽은 등으로 지키던 비닐 집이 폭설에 주저앉아 너덜거렸습니다
 TV에서는 눈 때문이라고 이러쿵저러쿵 구시렁거렸습니다

광대의 줄

어린 광대는 하늘 속에서
우쭐우쭐 외줄을 탑니다
우우 들려오는 함성소리에
줄 무서운 줄 모르고 줄을 탑니다

누런빛이 감돌면
발끝에 매달린 광대는 흔들립니다
바들바들 떨리는 숨결에
온몸은 식은땀으로 흥건합니다

나무에 매인 줄이
길인 줄 알고 위만 보고 춤을 추더니
줄 줄 줄
어머니! 마지막 숨줄을 잡으려 합니다

닭

잡초 우거진 배밭에
풀어진 닭들의 바람이 분다

닭이 제 세상을 만났다
제멋대로 다니며 숲을 헤집는다
밟혀 눕는 풀 소리에 흙은 주름이 진다
겅중거리는 발소리 툭툭툭
언덕에 올라 때 없이 지르는 소리
쭉 빼 올린 목처럼 길기도 하다
땅 바닥에 주둥이를 싹싹 문지르더니
웅덩이에 빠진 제 모습을 지우고
천연덕스럽게 하늘 바라보기도 한다
날개를 퍼덕이며 나는 듯 주저앉는 닭
리어커 바퀴가 구르자 우르르 휘몰린다
먹이로 가린 눈

금단의 길을 보지 못한다

땅의 몸짓

난이 꽃을 피웠다
하얀 모시옷
백자 위에서

서리서리 얽힌 나날
뿌리로 묻어두고
산승의 미소같이
꽃으로 피어 흐른다

눈에서 가슴으로
가슴에서 눈으로

스며드는 순수가
젖어드는 땅
꼬물꼬물 일어나는
새순

가을에 서서

칠팔월
나무로 살던 나

잎사귀 푸르게
날을 세우고
폭풍우에 맞서 버티며
파란 열매 울룩불룩 키울 때
뜨거운 한낮
축 처진 잎새로 늘어져도
한잠에 욕망을 다시 세우고
주룩주룩 소나기 무시로 퍼부어도
툭툭 떨고 일어서던 날이

어느새

바람에 영그는 열매 보며
삭아지는 잎으로
노여워 노랗게 물들고
아쉬움에 붉게 물들어
잔바람에 대실대실 웃으며
오늘은
붉은 춤을 추는데

잔비에 젖는
내일은 또
어디로 착 달라붙을까

날마다
반짝이는 새로운 삶
눈부시다

보리새우의 할(喝)

　말갛게 씻은 몸이 마를 새라 희디흰 수건으로 가리고 성찬의 무대 한가운데 놓인다 "특별 서비스예요 막 들어와 싱싱해요" 여사장의 눈꼬리가 야릇하게 올라간다 꿀꺽 침 삼키는 소리가 들린다 까만 눈은 바닷속보다 깊은 생각에 잠긴다 살이 포동포동하단다 입맛이 당긴단다 씹히는 질감이 좋단다 살살 녹아 죽인단다 사람들 입돌림하는 사이 선에 들은 듯 고요한 보리새우, 측은지심의 눈길은 그들을 바라본다 장설(長舌) 속에 손은 촉촉한 수건을 들춘다 눈들은 모두 벗겨진 맨살에 꽂혔다 능청맞은 손이 닿자 익숙지 않은 알몸을 순간 움츠리는가 싶더니 금세 온 힘을 모아 활짝 펼치는 날개
　할(喝)!
　당당한 알몸으로 한 생애를 펼쳐들자
　아랫도리 가린 사람들 입이 딱 벌려졌다

새벽을 열며

새벽이 어둠을 삼키며
햇살을 틔우는데
밤늦게 들어온 아이의
얼굴은 밤중이다
세상 모르고 잠에 푹 빠진 얼굴에
벌써 내 가슴 한쪽이 떨어지고
햇살 한 줌이 떨어지고
멀리 발자국 소리가
점점 크게 들린다

산길

새 울음소리가 들렸다

끊어질 듯 끊어질 듯
애달픈 울음소리에
풀지 못한 인연의 끈이
매듭으로 목에 걸리고
눈물 같은 꽃잎 한 장
가슴으로 떨어지는데
어딜 향해 우짖다가
스러지는 소리일까
파르르 몸을 떨며
흐린 하늘을 바라보는
나뭇잎

어디선가
새 한 마리 퍼드득
하늘로 솟았다

● 평설

이영순 시의 선시적(禪詩的) 아우라(Aura)

이 수 화
((사)세계문인협회 고문 · 한국펜명예부이사장)

1

이영순 시의 경계(境界: 世界)가 아름다울 수 있는 근거는 시인의 시편마다 편재(偏在)해 있다. 어떤 시는 시인의 ①불교적 선취(禪趣)의 시정신에서 발화(發話)하는가 하면, 어떤 시편은 ②시인의 독특한 어조, 또는 레토릭(Rhetoric)으로 빚어지는 성향을 보인다. 가령 전자의 경우

　　버스 정류장에서
　　치맛자락 흔들며
　　흥얼거리는 여자를 보고
　　사람들은 미친년이란다
　　그는 사람들을 힐끗 보더니
　　"미친 것들"
　　한마디 한다

　　미친다는 것이
　　무엇을 말하는지

신은 알고 계실까
흥얼거리는 여자와 그를 보는
사람들의 경계
알 수 없는 세상이다

블록 사이에 피어난 풀꽃
아무렇지도 않게 춤을 추고 있다

—「풀꽃」 전문

예시(例詩)는, 버스 정류장에서 한 광녀(狂女) 아닌 광녀를 통해(1연) 현대인의 상호불신, 소통부재의 비인간화 현상 내지 신(神)의 존재 여부에 대한 현대인이 신념의 불확실성에 처한 상황을 개탄한다(제2연). 그리고 최종 연에서는 저 앞 연의 광녀을 상징하는 '풀꽃'으로 하여금 시적 주체의 붓디즘(Buddhism)인 선취의 방하착(放下着: 집착을 버림)에 듦을 드러내 보이고 있다. 본디 무아(無我)인 자아(自我)에 집착하지 않는다면 블록 사이에 피어난 풀꽃의 삶(생명)처럼 무애(無碍)롭기 그지없는 자유자재로운 존재자가 또 어디 있으랴 싶다는 이영순 시의 매우 감동적인 불교적 선취의 주제가 형상화된 솜씨인 것이다. 이와 같은 불교의 방하착(집착, 아집을 버린 자유로운 마음) 정신을 하이데거는 그의 에어아이크니스(Ereignis: 자유로운 존재자) 철학 개념과 일치시켜 설명하는바 선불교에서는 '뜰 앞(뜨락)의 잣나무'로 비유한다. 사람들은 뜰 앞의 잣나무를 가리켜 논란을 거듭한다. A가 "저 잣나무를 베어내 바둑판을 만들면 값이 꽤 나갈 게야!"하니, B는 "그냥 두고 열리는 잣섬깨나 털어내 팔면 값도 나가고, 땡볕일

때는 시원한 그늘도 내려주고…." 한다. 그러나 선취나, 하이데거는 잣나무의 고유성(固有性)을 그딴 식으로들 얽어매지 말라는 것이다. 저딴 식으로들, 잣나무의 고유성을 박탈하는 '세상(사람)'을 이영순 시는 '거울'에 비유한다. 그 세상 속으로(거울 속으로) 들어감의 자아(自我)가 무아(無我)임을 깨우치는 선적(禪的) 돈오(頓悟: 깨우침), 즉 세상이란 결국, 무명임을 깨닫는 선취의 텍스트 형상화에 이른(후자②) 이영순 시 전범적(典範的) 경우를 본다.

    엉엉 용아가 운다

    왜 우니? 용아야
    선생님
    거울 속에
    또 다른 내가 있어요!

    그래
    너는 벌써 알고 있었구나
    거울을 감춰 볼까
    눈 한 짝을 감아볼까

    엉엉 용아가 운다

                      —「거울 속으로」 전문

  예시의 화자는 '선생님'(제2연)이다. 그는 엉엉 울던 '용아'가 거울 속(세상 속)에 또 다른 나[自我]가 있어 운다는 사실에 지극한 평상심(平常心)으로 "그래/너는 벌써 알고 있었구나…"하고 '용아'와 선취(禪趣: 언어 이전에 이심전심(以心傳心)으로 마음이 통함)에 이른다. 좀 더 자세히 말하자면, '용아'가 엉엉 우는 건 거울 속(세상 속)에 또 다른 나[自我]가 있기 때문이라는 것인데, '용아'가 운다는 거울 속(세상 속)의 나[自我]라는 존재자(存在者)부터 해명해 보자.

 붓디즘(Buddhism)에서는 나라는 존재자는 없는 무아론의 세계(세상)를 우리 삶의 공간으로 인식하고 있다. 붓디즘(불교)은, 보통 나라는 존재자를 인정하고 사는 세상 사람을 가리켜 몸(육체)과 마음(정신)으로 된 존재자로 일단 가정한다. 몸을 색(色, Rupa), 마음을 명(名, Name)이라 칭하는데, 색(몸)은 물질적인, 명(마음)은 심리적인 개념이다. 눈에 보이는 가시적인 모든 물리적인 것들은 나의 몸과 함께 모두가 색(色)이다. 반대로 마음에 속하는 모든 비가시적인 심리적인 것들은 모두 명(名)이다. 이 심리적인 마음의 작용을 불교는 네 가지로 구분한다. 수(受: 마음에 생기는 느낌) · 상(想: 마음에 떠올리는 표상(表想) 작용) · 행(行: 마음을 작동하는 의지(意志) 행위) · 식(識: 알아차리는 인식(認識) 작용)의 네 가지 마음 갈래와 몸을 합쳐 색, 수, 상, 행, 식의 이 다섯 가지 무더기를 오온(五蘊)이라 한다. 이것이 바로 나(가칭, 自我)라고 하는, 결국은 많아야 백 살을 못 살고 이 세상에는 존재할 수 없게 되는 존재자이다. 몸(色)은 물질이므로 소멸하고 명(名)은 마음이므로 몸(色, 육체) 속에 들어 있어 몸의 소멸과 함께 이 세상에서 사라져 버리는 것이다. 물론 불교의 윤회설이나 종교적 영혼불멸설은 몸을 바꿔 돌고 돌거나 저 세상에 있거나….

그래서 이영순 시 「거울 속으로」의 나(자아, 용아)는 거울, 즉 세상을 보는 마음(의 눈), 다시 말해 자아(또 다른 가짜 나)가 존재함을 알아차려 그것이 잘못임을 알고 통회(痛悔)하여 엉엉 운다는 것이다(첫째 연). '용아'는 이제 세상의 고(苦)나 무명(無明)과 무아(無我): 나라는 오만과 아집을 벗어 던진 상생(相生, Interdependancy)의 관세음 미소 같은 통회의 뜨거운 자복(自服)으로 엉엉 운다(3~4연)는 것이다. 화자(선생님)로 하여금 관세음(觀世音)의 자비로운 다독임(3연)과 같은 붓디즘 구현을 탈도그머(교리의 비표면화 방략)로 처리한 솜씨 덕이다. 또한 단행(單行) 단연(單聯)의 수미상관적인 주밀한 텍스트 구성으로 텍스트의 완결성을 성취하고 있는 이영순 예시의 미사학은 예시와 같은 선취(禪趣)의 이심전심의 포에지를 형상화하는 데 100% 전략적 기법이 아닐 수 없다 하겠다. 이와 같은 '이영순 선취시(禪趣詩)'의 미학적 형식미는 이 시집 텍스트 군(群)의 총체성에 다름 아닌 특징이며 독자로 하여금 꼭히 선시(禪詩)의 한 요소인 정형시 율에 얽매이지 않고 자유시로서도 이영순 시의 레토릭이면 얼마든지 그 선취가 통효(通曉: 환하게 깨달아서 앎)될 수 있겠다 싶은 것이다. 실로 한시(漢詩)나 큰스님들의 계송(戒頌) 같은 고투의 정형률에 갇혀 좀처럼 활개가 멈칫거려지는 한국 현대 선시의 자유시로서의 진화가 여기 이영순 선취시(禪趣詩)에서 더욱더 발현되는 듯해 조심스러운 말길이 새삼 신중해진다.

2

이제까지가 '이영순 시의 선시적 아우라'란 나의 명제가 성립될 만큼의 전제로 합당했다면 지금부터는 그 세부를 시인의 미학 성취가 빼어난 텍스트 군(群)에 주목하면서 평설 길을 열어가고자 한다. 먼저 시집 『길은 어디에』의 메타 텍스트인 시 작품부터 살펴봄으로써 이영순 시집의 선취시가 가진 본질에 좀 더 핍진하게 다가서 보기로 한다.

> 떨어진 꽃잎을 밟고 지나간다 밟힌 자국에 끈끈한 피가 솟는다 그 위로 뭉그러진 어린 꽃이 오버랩된다 멍들 새도 없이 피가 마른 하얀 꽃망울, 칭칭 동여맨 줄이 꽃살을 파고들었다 몸부림도 파르르 떨며 정적에 들었다 어둠 속에서 어린 입은 침묵의 노래를 불렀다 긴 노래 끝에 장단을 맞춘다 인권이다 위헌이다 얼쑤 골목의 검은 그림자 너울거린다 장난 삼아 꾸미는 반대도 흥이 난다 탈을 쓰고 야금야금 관망한다 그것이 나인 줄 몰랐다 탁, 때리는 꽃잎에 번쩍 정신이 났다 꽃길에서서 꿈을 꾼 것이다 꽃나무엔 봉긋봉긋 꽃들이 아직 가득했다
>   '꽃을 꺾지 마시오'
>   덧칠한 표지판이 서 있다
>
> ―「꽃길에서의 꿈」 전문

예시인 이영순 시 「꽃길에서의 꿈」은 저 앞에 논급한 선취시 또는 선시의 본질이 불입문자(不立文字)로 통하는 이심전심의 통효에 있다는 그러한 진정성의 난해시(難解詩)이다. 보들레르 파의 상징시(랭보, 로트레아몽, 말라르메)나 앙드레 브르똥의 난해한 초현실주의 시와

엘리엇트의 모더니즘시가 가지는 진정성의 난해성은 선취시 또는 선시와 그 진정성의 난해성 문제상 이복형제인 셈이다. 따라서 예시「꽃길에서 꿈」은 난해시의 표현 특질, 즉 A. 브르똥이「자유의 결합」이란 시에서 "나의 아내에게는 호랑이 이빨 사이의 수달의 허리가 있다"라고, 얼핏 황당무계하고 난해한 초현실주의 시의 자동기술법에 의거했듯 이영순 시 또한 동일한 수법에 의거하고 있다. 예시는 그래서 시인의 사고(思考)를 이성의 통제로부터 해방시켜 무의식 차원에서 떠오르는 자유연상을 연상되는 그대로 언어화[詩化]한 자동기술법의 소산이다. 꽃길은 자연이 질서이고 그 길에서 꽃을 꺾는 행위는 인간을 상징한 꽃을 인권 유린과 위헌처럼 삼엄한 피의 상징으로 시적 주체의 무의식(꿈)에 도전한다. 좀 더 해사적(解癬的)으로 말해, 예시「꽃길에서의 꿈」내용은 여성 임신부가 꽃 같은 아기를 잉태하고부터 그 태교를 거치는 동안 무의식의 바다에 출렁이는 위기(사산 또는 건강한 아기를 낳아야 한다는 데 대한 강박증) 의식의 수반과 각성에의 통효이다. 이영순 선취시 또는 선시는 설교나 문자를 떠나 이심전심의 시로서 우리의 본성(本性) 찾기에 도전한다. 그것은 세계(현실)의 확대(확장)와 재창조(인간의 정신능력으로써)를 향한 힘의 원천일 터이다. 이영순 시「꽃길에서의 꿈」을 열심히 들여다보는 동안 시나브로 그렇게 느껴지질 않는가. 그렇다면 다른 시편들을 한자리에 앉혀 계속 궁구해 보자.

①
외진 바위 밑에
티없이 벙그러져 웃는 산국
불어오는 바람 무더기

덥석 끌어안는
그리고 슬쩍 날려 보내는 어느 날
오후의
가벼운 몸 바라보는

②

발길에 채인 돌
제 마음대로 구르다 선다

퍼렇게 멍든 삶처럼
그저 밟히고 채일 뿐
구르는 돌은 말이 없다

쓸모없다고 내팽개쳐진
단단한 돌
그러나 돌이다

다시 태어나도 돌이면
좋겠다는 듯
태평하게 앉아 있는
돌 하나

③

아파트
덩굴장미 울타리 밑에
마른 꽃잎이 쌓여 뒹군다

발그스름한 빛깔에 잔주름 지고
오그라진 가슴 위로 무심한 발길이 지나도
바스러지는 몸 비비며
꽃잎으로 남아 있다
늙은 어미처럼

예시한 텍스트 군(群)의 ①은 「바위 밑 선승을 보다」이고, ②는 「돌」, ③은 「떨어진 꽃잎」이다. 세 작품 모두 선취의 주제가 뛰어난 작품 군이다. 세 작품 모두 연말행 또는 시의 결말행 어미 처리가 빈사, 즉 용언 종결 어머가 아닌 생략된 여운의 형식을 취하고 있는 것이 또한 공통 요소이다. 세 작품을 나란히 병치한 까닭이기도 한데 이로써 우리는 이영순 시의 선취적 다의성(多義性)과 다형성(多形性)을 일목요연하게 파악하는 계제에 이른다.

　①②③이 같은 선취적―선시풍―주제를 반영하고 있는 바로는, 먼저 ①에서는 시적 주체가 산국(山菊)의 그 어떤 무명초도 아닌 산국만의 독자적 고유성(固有性)을 지닌 연기적 존재로부터 선승(禪僧), 즉 존재(인간)의 본성(本性)만을 깨달은 이른바 깨침의 미학(시)이다. 다른 역작시 「흙」이나 ② 「돌」에 보이는 연기론적(緣起論的) 상생주의(相生主義) 시 또한 같은 맥락의 주제가 형상화된 시편이다.

　예시 ③의 감동은 짙다. 후말행 "늙은 어미처럼" 무심한 발길에 차여도 꽃잎으로 남아 있다는 존재에 대한 시적 화자의 아름다움에 대한 연민과 오르테가의 서열 역전으로서의 '떨어진 꽃잎'에 맺힌 자기희생적 자비(늙은 어미의 이미지)야 말로 이영순 선취시의 주제가 꽃피는 더없이 아름다운 비장미의 정점일 터이다. 그 결과적인 후말행은 시인의 솜씨 좋은 미사학 덕분이기도 하겠다.

　이제 이영순 시의 이 시집 『길은 어디에』의 중심축으로 작용하는 미학적 완성의 작품 군(평설자의 논지에

긴요한 작품들만)을 중심으로 펼쳐본 소론의 결론을 지을 때다. 끝가름 몫으로「바다」라는 뛰어난 작품을 본다.

> 발끝까지 드리워진
> 길고 넓은 여인의 치마다
>
> 바람에
> 파도처럼 주름이 일어
> 사르락 사르락
> 비단소리 내는
> 여인의 길고 긴 비단치마
>
> 깊은 속에선
> 뜨거운 불덩이가 끓는가
> 다시 출렁이는 바다

—이란 이 예시에서는 우리가 이제까지 논급해온 선취(선시풍)의 주제성 또는 레토릭의 특징은 엿보이지 않는다. 저런 면에서는 오히려 문학사적인 캐논에 가까운 편석촌(片石村)의「바다」는 현대 모더니즘시, 특히 이미지즘시의 전형성을 보이고 있다. 바다 이미지를 여인의 치마(1~2연) 이미저리의 조소성(彫塑性)으로 상징했다든가, 결말 연에서 여인의 어떤 속 깊은 한(恨)을 뜨거운 마그마가 속 깊이 끓고 있는 바다 이미지로 상징하고 있는 것들이 그것이다. 특히 둘째 연의 앞 4행과 뒷 1행의 (청각+시각) 공감각 처리는 이영순 시가 선취시에만 집중되고 있음이 아닌 '이영순 시 지평'의 모더니즘 개활지를 폭넓게 예견케 하는 또 하나의 특성이 아닌가 한다. 더구나 불입문자가 생명인 선종(禪宗)

에서 이심전심의 문자 아닌 기호로써 선취를 표현, 또는 전달해야 하는 입장에선 모더니즘시(컨텐포러리, 당대시와 구분된 現代詩)나 선시는 동일하다. 예컨대 모순어법과 같은 방법론은 선취시와 모더니즘시가 유사하다. 그러므로 이영순 시법(詩法)의 개방성은 우리의 즐거운 관심사가 아닐 수 없겠다. 이제 그것이 버블이 아님을 진정성의 '선취시+모더니즘시=미학 성취' 사례 시를 보자면 가령,

    가진 것이 없어
    주고 싶은 것이 많았다
    주고 싶은 것이 너무 많아
    아무것도 줄 수 가 없었다
    다만
    피보다 진한 가슴
    사르고 있을 뿐

―「내 사랑」 전문

―에 보이는 선취시와 모더니즘 시성, 특히 이상의 "사기컵은내해골(骸骨)과흡사한다내가그컵을꼭쥐었을때나팔에서는난데없는팔하나가접목(椄木)처럼돋치더니"와 같은 초현실주의 시 '진정성의 난해성 기법'의 혼용 솜씨는 단순한 모순어법, 또는 선취의식을 넘어 우리 시의 새로운 지평을 여는 매우 창조적인 전향성에 값한다 하겠다. 이미 이 시집에서 그 역동적인 지향 의지가 텍스트 곳곳에 다수 실천되고 있음을 우리는 지금까지의 글길을 통해 적잖이 들여다보았음을 새삼 강조하는 것으로 거칠게나마 평설을 가름코자 한다.

문학세계대표작가선 608

길은 어디에

이영순 시집

인쇄 1판 1쇄   2010년 9월 29일
발행 1판 1쇄   2010년 10월 6일

지 은 이 : 이영순
펴 낸 이 : 金天雨
펴 낸 곳 : (주)천우미디어그룹/도서출판 天雨
등   록 : 1992. 2. 15. 제1-1307호
주   소 : 서울시 성동구 하왕십리동 966-23 금룡빌딩 2F
전   화 : 02)2298-7661
팩   스 : 02)2298-7665
http://www.moonhaknet.com
E-mail : ing@moonhaknet.com

ⓒ 이영순, 2010.

값 7,000원

* 이 책의 저작권과 판권은 작가와의 협의에 따라 도서출판 天雨에 있습니다. 도서출판 天雨의 서면 동의 없는 무단 전재 및 복제를 금합니다.
* 저자와의 협의에 따라 인지는 생략합니다.

ISBN 978-89-7954-456-5